中华爱国人物故事

人物故事

ZHONGHUA AIGUO RENWU GUSHI

屡败法军的
黑旗军将领刘永福

陈立忠　李永泽　编著

吉林人民出版社

图书在版编目(CIP)数据

屡败法军的黑旗军将领刘永福 / 陈立忠, 李永泽编
著 . -- 长春 : 吉林人民出版社, 2011.5
(中华爱国人物故事)
ISBN 978-7-206-07858-3

Ⅰ.①屡… Ⅱ.①陈… ②李… Ⅲ.①刘永福(
1837～1917) – 生平事迹 Ⅳ.①K825.2

中国版本图书馆 CIP 数据核字(2011)第 075717 号

屡败法军的黑旗军将领刘永福

LÜ BAI FAJUN DE HEIQIJUN JIANGLING LIU YONGFU

编　著:陈立忠　李永泽
责任编辑:丁　昊　　　　　　封面设计:七　洱
吉林人民出版社出版 发行(长春市人民大街7548号　邮政编码:130022)
印　刷:鸿鹄(唐山)印务有限公司
开　本:670mm×950mm　　　1/16
印　张:8　　　　　　　　　字　数:70千字
标准书号:ISBN 978-7-206-07858-3
版　次:2011年5月第1版　　印　次:2021年8月第3次印刷
定　价:35.00元

如发现印装质量问题,影响阅读,请与出版社联系调换。

总 序

胡维革

　　《中华爱国人物故事》是一套故事丛书。它汇集了我国历史上80位古圣先贤、民族英雄、志士仁人、革命领袖、先进模范人物的生动感人史迹,表现了作为中华民族优秀传统的伟大的爱国主义精神。

　　爱国主义是人们对于"生于斯、长于斯、衣食于斯"的祖国的一种神圣感情,是人们对于自己民族的一种强烈的责任感和使命感,是感召和激励整个中华民族的一面永不褪色的旗帜。在漫长的历史上,爱国主义一直激励着中华儿女为祖国的独立、统一、进步和繁荣而英勇奋斗。从伟大的思想家教育家孔子到统一全国的千古一帝秦始皇,从秉笔直书著《史记》的司马

迁到鞠躬尽瘁死而后已的诸葛亮，从伟大的浪漫主义诗人李白到精忠报国的民族英雄岳飞，从七下西洋传播友谊的郑和到抗击倭寇的民族英雄戚继光，从苟利国家生死以的林则徐到为变法流血的第一人谭嗣同，从威震敌胆的抗联将军杨靖宇到人民音乐家聂耳与冼星海，从踏遍青山人未老的李四光到万婴之母林巧稚，从县委书记的好榜样焦裕禄到情系雪域献身高原的孔繁森……都表现出了强烈的爱国主义精神。正是由于热爱祖国的人们前仆后继地奋斗，国家和民族才得以生存，历经一次次历史危机关头而能转危为安，走向兴盛和富强，从而屹立于世界民族之林。爱国主义是鼓舞中华儿女历经忧患、跨越沧桑、百折不挠、自强不息的伟大力量，它贯穿于中华民族的整个历史，并有力地凝聚着五洲四海的中国人。

　　爱国主义是一个历史的范畴,在社会发展的不同阶段、不同时期有着不同的具体内容。革命时期,需要我们为祖国的独立自主出生入死;建设时期,需要我们为祖国的繁荣富强增砖添瓦;在全国各族人民团结一心建设富强、民主、文明、和谐的社会主义现代化国家的今天,我们要争做一名新时期的爱国者。新时期的爱国者要有强烈的民族自尊心和自豪感。民族自尊心和自豪感是任何时期任何爱国者都必须具备的情感。民族自尊心能增强我们自立向上的恒心,民族自豪感能树立我们建设祖国的信心。要树立"祖国高于一切"的崇高信念,为了祖国和人民的利益不惜抛却个人的利益,甚至不惜牺牲个人的生命。要树立终身学习的理念,拓

宽自己的知识面,广泛吸收新知识新技术,完善
自身的知识结构,更新学习知识的方法与理念,
从思想上、知识上充分武装自己,为祖国的繁荣
昌盛贡献力量。

　　爱国主义思想的继承和发扬,是关系到民
族盛衰、国家兴亡的根本问题。一代代人爱国
主义思想情操的形成,需要不断地培养。培养
爱国主义的一个重要途径是向爱国主义的英雄
人物和典范事迹学习。这套丛书的出版,对于
人们向英雄和先进人物学习,特别是对于在中
小学生中进行爱国主义教育,将可提供一些生
动的教材。祝愿此书出版发行成功,为培养"四
有"新人作出贡献。

于2011年4月23日

世界读书日

中华爱国人物故事

目录
CONTENTS

目录。
CONTENTS

家贫自成才

刘永福（1837—1917），字渊亭，广东钦州（今属广西）人，少年饱经磨难，建立黑旗军之后，在抗法战斗中使自身及黑旗军声名远扬，"纸桥大捷"后更是名扬中外，越王晋升刘永福为三宣提督，加封一等义勇男爵。法军称刘永福为"我们惧怕的唯一敌人"。越南人民誉其为"北圻之长城"。"刘二打番鬼，越打越好睇"的民谣从此传播。

1837年9月11日，在广东（现改属广西）钦州古森峒小峰乡的一个贫苦农民的家庭，有一个男婴呱呱坠地，来到人世间，他就是本书的主人公——刘永福。从此，开始了他的艰难坎坷的人生旅途，也揭开了他那充满传奇色彩战斗历程的序幕。

刘永福祖上在广西博白县东屏乡富新村。有年天大旱，生活无着，其父、叔迁徙钦州古森峒小峰乡，以农耕兼小商为生。因家穷，其父至40岁，才娶邻村已有一子的妇女为妻，次年生下永福。

刘永福天资聪慧，5岁知道把沟里的鱼钓回家，不足10岁就帮父母干活或给人打短工。刘家家境贫苦，一家人终岁勤劳也难以维持温饱。由于生活所迫，为了帮补家用，只有13岁的小永福便到滩艇上当佣工，正式外出赚钱，以博取衣食，减轻家里的负担。在这种出没波涛的水上生涯中，他经历风雨，增长见识，锻炼体力和胆识。

刘永福像

刘永福故居内的古树

　　船工的生涯使刘永福的足迹遍及漓江两岸。为了做一名出色的船工，刘永福仔细观察航道的滩湾角度，江水的流速深浅，以及滩面宽窄等等。15岁那年秋天，河水猛涨，水流湍急，恰巧又赶上引滩师（引水员）病倒了，船主急得团团转。这时，刘永福挺身而出，主动要求指挥航船运行。在刘永福的指挥下，一艘艘满载货物的船只，忽渡激流，忽绕险滩，破浪前进。刘永福端坐在最前面那艘船的船头，神情专注，指挥若定。船主和船工们都夸奖他有大将风度。刘永福由于出色地完成了引滩师的艰巨任务，从此他在船工队伍中远近闻名。

　　同时，工余时间，在父亲的指点下，他学习拳棒技艺，逐渐练成一身好武艺。刘永福从小就随父亲习武。

他长大后出外谋生，每次回家，父亲都检查他的武功，督促他练武。而刘永福也天生喜爱舞枪弄棒，工余时间，苦练武艺，加上他好学强记，到十四五岁时，就把父亲教给他的许多武艺都学到了手。又经过几年的勤学苦练，青出于蓝而胜于蓝，他的武艺比父亲还高，远近闻名，人人夸他武功高强，史书也记载他"武艺绝伦"。这为他以后投军领兵，最后成为统带数万大军的将领，打下了良好的基础。

刘永福故居三宣堂

　　位于广西钦州市,刘永福在援越抗法战争中屡立战功，被越南王封为三宣提督，主管越南宣光、兴化、山西三省军事，其故居则据此命名。

　　在刘永福17岁的时候，父母和与他们共同生活的叔父经受不住生活煎熬，相继在贫病交加中悲惨地去世了。1854年8月，母亲先逝世，刘永福匆匆回家，靠着村人的资助，才买到一副薄板棺材；同年11月，父亲也去世了。等到刘父去世，就以床板拼成棺木殓葬；年末叔父又死，只有以木屑垫坑，草席裹尸。三场丧事办完，刘永福已是贫无立锥之地的穷汉子了。同时，债主向他们家讨债。刘永福无可奈何，只好将家私变卖，还清了债务。最后，他丧失了家园，走出村头，出外流浪。这时的他除了一个光身之外，已别无他物，连个栖身的地方也没有，只好暂时借邻乡高凤村陆二叔家的茅舍居住，

就这样，苦苦地又度过了三年。

　　虽然家境贫苦，但这也造就了刘永福纯朴憨直的个性。他天性纯孝，稚龄时就懂得孝顺父母，友爱弟兄。据记载，刘母亡时，"永福立坟场，博膺而号，遂晕"。刘父死后，永福号

哭："天乎，我今更为无父之人矣。"以后，刘永福的处境稍为改善，就惦记着要为父母叔父迁坟造墓。

张之洞像

寒微的出身也使得刘永福为人刚直，不善拉扯和吹拍，虽然由于抵抗外敌侵略有功的缘故，他得到最高统治集团及张之洞、谭钟麟等官员的赏识和提携，但他毕竟没有关系深厚的靠山和后台，这就使他的官宦生涯充满了坎坷和风险。

刘永福的青年时代，依靠堂兄弟在平福开荒种地过活。尽管永福身强力壮，膂力过人，但仍赤贫如洗，无法糊口。后来他又给一家地主养牛。不久地主家少了一只老母鸡，地主硬说是刘永福偷的，把他抓了起来，要割他的耳朵，经过别人求情，他才被放了出来。

随后，刘永福又以砍柴为生。但地主们硬说附近的

老照片中清末底层百姓的生活

山都是他们的，不许刘永福打柴。刘永福只好跑到二十
多里远的野山上打柴，再挑出来卖。地主恶霸买他的柴
时，给他很少的一点钱，然后恶狠狠地说："滚！你身上
的臭汗真多，难闻死了！"

艰苦的生活，地主恶霸的欺压，磨炼了刘永福坚强
的意志，也使他十分痛恨欺压百姓的地主恶霸和贪官
污吏。在这期间，刘永福认识了邻村一个名叫王者佑
的人，此人能文能武，见闻甚广。刘永福在和他的交
往中，不仅提高了武艺，学习了诗书，也多少知道一
些历史上和现实中发生的农民起义情况，在思想上和
起义者产生了共鸣。生活上的走投无路和思想上对古

今农民英雄的朦胧向往相结合，衍生出一种外出另找生路的念头。

1857年，广西境内的农民起义风起云涌。刘永福看到穷苦兄弟们组织起来，拿起大刀长矛，造地主恶霸和贪官污吏的反，他热血沸腾，说道："大丈夫不能为数万生灵造福，已觉可羞，况日夕稀粥以充饥，尚不能继，又焉可郁郁久居此乎！吾当相机做事耳！"意思是：男子汉大丈夫，不能为广大的老百姓谋福利，已经是很羞愧的事情了，更何况自己每天连喝稀粥填饱肚子都做不到呢？男子汉大丈夫怎么能如此垂头丧气，老是这样胡混下去呢？一有机会，我一定要做大事业！

老照片中清末底层百姓的生活

就在这时，一天早晨，刘永福又去打柴，到了中午，实在疲劳了，就在山中一条石凳上睡了下来。入睡之后，忽然梦见一位白须垂胸的老者对他说："你是天上的黑虎将军呀！为什么不出去有所作为，而天天上山砍柴呢?"醒来之后，刘永福依稀还记得梦中的情形，心想我是个男子汉大丈夫，一身好武艺，决不能如此碌碌无为地度过一生，一定要大有作为。

这件事情是刘永福自己传出来的，他这样做，显然是想借助神灵的话来树立自己的威望，但也说明他年少有志，要有所作为。事情越传越厂，人们逐渐相信了刘永福是黑虎将军。这个消息先是在同伴中传开，接着在附近乡村，慢慢也传开了，刘永福在人们眼中变成了一个与众不同的人。

也就是在这一年——1857年深秋的一个夜晚，刘永福把他的同伴们召集到他居住的小茅屋里，一起商量投军大计。这一年，刘永福年仅20岁。

刘永福平时就勤练武功，有勇有谋，是同伴们的主心骨。他早就有投军的想法，平常就总和同伴们幻想着投军之后如何纵横驰骋，打击地主恶霸和贪官污吏。这次他下定了决心，说话更是慷慨激昂。

他说："我们有的是力气，但无地可耕，地主老财什么都不用干，却吃好的穿绸缎。那些贪官还总要趁机搜刮我们，这是什么鬼世道哇！"大家一听，也都纷纷喊起来："活不下去了，怎么办啊！"

刘永福又说："穷人不斗争就要挨饿挨欺负，只有有了刀枪，势力大了，才能跟地主老财算账，才能有饭吃，有衣穿！"大家一听，知道刘永福要提出投军的事，此时大家都胸怀激荡，热血沸腾，望着刘永福，让他拿主意。

这时的刘永福站起身来，一挥拳头，坚定地说道："走，我们投奔义军去！"此言一出，群情激奋，伙伴们纷纷附和："对，我们投奔义军去！""你是黑虎将军，我们听你的，一起投奔义军去！"就这样，刘永福决心离乡出走投身农民军，靠一刀一枪另闯生活道路，开始了他波澜壮阔的军旅生涯。

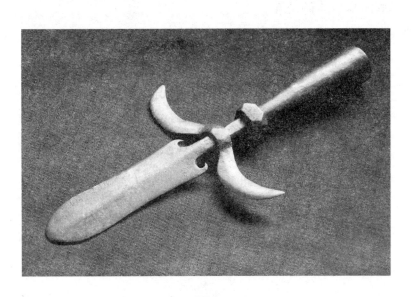

创建黑旗军

　　刘永福和伙伴们决定去投奔义军，可是当时广西义军有很多支，去投哪一支呢？经过七嘴八舌的一番议论，刘永福最后拿主意去投奔迁隆州的吴凌云部义军。那时，吴凌云部义军人多势众，粮饷充足，声势浩大，屡次打败前来镇压的清军。

　　确定了投军目标，刘永福和同伴们约好在第二天深夜，趁夜深人静，悄悄地向吴凌云义军的所在地——迁隆州进发。第二天深夜，刘永福和同伴离开家乡，前往迁隆州。等他们千辛万苦赶到迁隆州时，吴凌云已经率义军主力攻打太平府去，迁隆州的守将郑三代表吴凌云接待了刘永福一行。此后，刘永福等人就在郑三手下大张旗鼓地干了起来。

　　刘永福作战勇敢机敏，屡建奇功，平时对义军兄弟热情相待，乐于助人，深得人心。不久，郑三就任命刘永福为先锋，让他冲锋陷阵打头阵。由于刘永福有勇有谋，名声远扬，很快又得到了吴凌云的重视，成为全军有名的勇将。

1863年，吴凌云牺牲，其子吴亚忠率残余义军摆脱清军的追剿，继续坚持斗争。刘永福率领的军队也只剩下数百人，但他告知吴亚忠，要继续同他一起与贪官污吏和清朝军队做斗争，继续奉吴亚忠为首领。吴亚忠为了表示信任刘永福，让刘永福指挥自己带来的队伍，而且另组编制。

刘永福像

那是在1865年，刘永福率部下二百多人来到安德圩，投奔吴亚忠带领的义军总队。这一天，安德圩吴亚忠军营里，旌旗招展，鼓乐齐鸣。吴亚忠亲自率领义军大小头目迎接刘永福。双方相互介绍寒暄过后，刘永福对吴亚忠说："我带了这么多兄弟来投靠你，这给你增添负担了。"刘永福这样说，是带有投石问路用心的。

"久闻刘兄机智勇敢，多谋善策，是难得的人才，况且现在正是用人之际，有刘兄及众兄弟的加入，我们反清大业成功之期指日可待"，吴亚忠意挚情真地对刘永福说。这非常出乎刘永福的意料，他半悬着的心这才落了地。

　　为了表示对刘永福的信任，吴亚忠让刘永福指挥自己带来的队伍，他对刘永福说："这二百多个兄弟，既然是由你带来的，以后就由你全权指挥，其他任何人都不得插手。"

　　"那我就谢谢大哥的信任，以后我及众弟兄一定听从大哥的指挥，冲锋陷阵，血洒战场，在所不辞！"刘永福急忙回答说。

　　自从参加农民军以来，由于刘永福自己没有一支武装力量，所以，几年来，他总是仰人鼻息，寄人篱下，无法实现自己使广大穷苦兄弟脱离苦海的抱负，觉得很对不起同甘共苦的兄弟，心里非常不是滋味，他常常陷入忧郁、苦思冥想之中。

黑旗军旗帜

　　这次刘永福见吴亚忠以诚相待，深为感动，特别是对自己的人马，能够得以单独编制，由自己指挥，更是大喜过望。他终于实现了自己多年的夙愿。从此，刘永福有了一支由自己领导和指挥的部队了。

　　吴亚忠设宴为刘永福接风洗尘之后，便传令将安德圩白帝庙作为刘永福部临时驻扎的地方。刘永福回到白帝庙，将吴亚忠对自己的态度详细地向兄弟们做了介绍，大家听了都非常高兴。

　　"兄弟们"，刘永福环视了一下众兄弟，接着说道："从今以后，咱们就是一支独立的部队，应该有自己的旗帜，所以我想举行一个建军祭旗大典。"

　　大家听后都纷纷表示赞同，那么，用什么旗作为自己部队的标志呢？大家你一言我一语，开始议论起来，说什么的都有，方案五花八门，最后大家都将目光集中到刘永福身上。

　　刘永福从大家期待的目光中，知道兄弟们是在想听听自己的想法，更看到了兄弟们对自己的信任。于是，他抬起头，在白帝庙内打量了一番——这白帝庙里供奉着三尊神像，北极玄天大帝居中，右侧是花婆神，左侧是周公。周公手拿一面黑旗，旗身是三角黑布，边沿镶狗牙形白布，旗上绣有北斗七星。附近几十里的人都来白帝庙中求神赐福，听说庙里的神很灵验，特别是周公手里的七星旗很灵验，而且周公是西周重臣，懂军事，多智谋。因此，刘永福慢慢说道："我听说这白帝庙中周公手里的七星三角黑旗很灵验，不如按此旗放大制作一面，作为咱们部队的旗号。"这一建议得到大家的一致赞同。刘永福于是让人按照庙里周公手中的七星黑旗，放大制作了一面，作为自己部队的军旗，既符合自己"黑虎将军"的称号，又可以让周公保佑自己多打胜仗。于是，大家商定，

民族英雄刘永福
(1837—1917)

等部队一切安顿好之后，即选择一个黄道吉日，举行建军祭旗大典。

这一天早饭后，刘永福让人把白帝庙四周打扫得干干净净，一尘不染，并传令午饭后举行建军祭旗大典。午后的空气如同凝固一样，一丝风也没有，连树梢也纹丝不动，天空中虽然飘浮着几朵白云，可难以遮挡那火辣辣的阳光，直射而下的阳光使得天空好像在下火一般。

随着一声号角划过沉闷的天空，白帝庙前顿时人声鼎沸，一队队义军在庙前分两厢站立，个个精神抖擞，斗志昂扬，刘永福器宇轩昂地站在庙前台阶上，他双目

黑旗军军旗"令"，现存巴黎军事博物馆。

LV BAI FAJUN DE HEIQIJUN JIANGLING LIU YONGFU

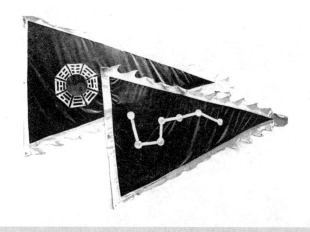

三宣堂内的黑旗军军旗

炯炯有神，直视前方。他身后竖起一面崭新的三角黑旗，旗面正中央绣着一个斗大的"刘"字，"刘"字四周绣有北斗七星，边沿镶着狗牙形的白边。

歃血为盟的建军祭旗大典，在一片锣鼓声和欢呼声中开始了。刘永福走下台阶，与前排兄弟一一握手，并不时地向后排兄弟拱手示意，然后又重新回到原来的位置，他从腰间拔出一把锐利的尖刀，割破自己的食指，殷红的鲜血滴滴答答地流入盛有米酒的大碗之中，数百名义军兄弟也一一照做。

盛典正在举行之时，突然，天空中乌云密布，狂风骤起，随着一声巨雷响过，大雨倾盆而下，刘永福和义军兄弟们毫不介意，他见众兄弟照自己的样子做完之后，

黑旗军士兵

一扬头，将混着鲜血与雨水的米酒一饮而尽，随后众兄弟也都纷纷照做。这样，歃血结盟祭旗大典在大雨中结束。

因为刘永福军队以黑旗为旗号，所以，人们称其为"黑旗军"。

刘永福建立了黑旗军，决心将它训练成一支精良队伍，作为吴亚忠义军部队中的骨干力量。黑旗军初建时，总兵力只有数百人，刘永福为统帅，另有百余名大小首领。这队伍人数虽不算多，但个个都是跟随刘永福多年的兄弟，有丰富的作战经验，战场上能以一敌十，战斗力极强。

黑旗军训练有素，刘永福训练士兵十分严格，将十八般武艺有步骤地向士兵们传授。每一名教官都认真负责，精心传授；每一个士兵都苦练本领，持之以恒。刘永福平常对部下管束很严，要求他们勇敢杀敌，不准骚扰百姓。黑旗军战士，大多是贫苦农民，素质很好，在刘永福的领导下，经过几次战火的洗礼，愈战愈勇，愈战愈强，成为一支极富战斗力的部队。刘永福还严格要求士兵要勇敢杀敌，遇有战斗，将领退则斩将领，士兵退则斩士兵。这些训练，使得黑旗军战斗力不断加强。

这一天，吴亚忠邀集刘永福和其他将领商量攻打南雁事宜。南雁离吴亚忠义军驻地有四五十里，道路崎岖险要，清军凭险扼守，和义军对峙。附近其他地区的清军依仗南雁的清军，也互相呼应，对义军构成严重威胁。因此南雁一破，各地清军就会望风而逃。

刘永福自告奋勇，要求黑旗军出征打先锋，吴亚忠率大队人马在后接应。吴亚忠素知刘永福能征惯战，黑

描绘刘永福的连环画

旗军无坚不摧，便高兴地任命刘永福为先锋，率黑旗军为先头部队，攻打南雁，自己率大队人马随后赶到，猛攻敌人。

黑旗军将士赶到南雁，很快和清军交起手来。清军凭借险要地形固守，黑旗军利用巨石树木作掩护，不断向前冲击，终于将清军赶出南雁关口。清军狼狈逃窜，退入南雁城中。刘永福下令黑旗军将士围城，等候吴亚忠大军前来。

吴亚忠率领大军赶到，见刘永福初战告捷，已将清军逼近孤城，欣喜异常。随后下令大军将南雁城围得水泄不通。相持数日，南雁城中的清军自知不是义军对手，派人出城，表示投降，并交出城池。南雁清军投降，附近各地清军逃跑的逃跑，投降的投降，义军很快占领了这片地区。

南雁这一仗，黑旗军为取得胜利立下了大功。此后黑旗军声威日壮，清军都不敢与黑旗军交战，因为黑旗军"皆敢死"，"英勇绝伦，每阵争先"。一些地主团练企图用高官厚禄收买刘永福，将黑旗军编入自身武装，均遭到刘永福严厉的痛斥。

在战火的洗礼中，黑旗军不断壮大，逐渐远近闻名，令敌人闻风丧胆。同时，刘永福也从一个普通的农民义军士兵，逐渐成为一个比较成熟的军事指挥员。

刘永福像

建设根据地

太平天国运动失败后，清政府调集大军来广西镇压天地会起义军。吴亚忠义军是清军围剿的重点之一。1867年，清军把义军紧紧包围，义军伤亡很大，军粮军械也一天比一天缺乏。最后，吴亚忠和刘永福等人决定，义军分批突围，摆脱敌人的围攻。突围战役由刘永福率黑旗军为先锋，突围到中越边境，建立根据地，等候接应其余义军。于是，刘永福率黑旗军经过拼死战斗，突出敌军重围，来到中越边境的波斗地区。但波斗地区土地贫瘠，人烟稀少，再加上频遭战乱，很难建立根据地。而且清军云集广西，黑旗军难找立足之地。因此，刘永福率黑旗军继续转战，来到越南境内六安州一带。黑旗军突围之后，清军加紧了对吴亚忠义军的围攻。吴亚忠也率军拼死突围，经过辗转作战，于1869年9月退到越南境内。清军穷追不舍，将吴亚忠义军团团围住，昼夜进攻。最后，义军堡垒被攻破。吴亚忠中炮牺牲，其母、妻、叔、子，以及其他首领，全部被擒，义军全军覆没。

这时刘永福率黑旗军转战到越南六安州，决心建立巩固的根据地，以免到处流窜，被清军围歼。当时，法国侵略者已侵入越南境内，初步控制了越南的政治外交大权，越南开始沦为法国殖民地。越南阮氏王朝对外屈膝投降，对内难以维持统治。在六安州，有个大土霸叫盘文义，建立了数千人的武装，修建了许多堡垒，横行霸道，鱼肉百姓。刘永福当时已决心在此建立自己的根据地，更想为民除害，于是他决定剪除盘文义武装。

盘文义根本不将刘永福及黑旗军放在眼里，调动了

铜版画　严阵以待的黑旗军士兵

当年黑旗军的武器

大批人马，准备将黑旗军一举消灭。刘永福料定盘文义会主动进攻，但敌众我寡，他几经思量，计上心头。他命手下连夜赶制竹签，在夜里将上万支竹签插入双方将要交战的旷野。

交战期间，黑旗军按兵不动，等待盘文义军到来后，点燃炮火轰击，同时一排排弓箭向其射击。盘文义的军马被突然袭击打乱了阵型，慌乱中，许多人被地上的竹签刺伤、刺死。黑旗军乘胜出击，大获全胜。刘永福接下来又派人收买了盘文义贴身的侍从，刺杀了盘文义，盘文义的武装就此彻底倒台了。

越王也曾派兵攻打盘文义，都未奏效，所以当刘永福杀了这个罪恶累累的家伙之后，越王非常感激，封刘永福为七品千户，并将六安州交给刘永福管辖。从此，刘永福在越南有了立足之地，他所领导的黑旗军也由原来的农民起义军逐步演变为一支既区别于官军又与义军性质不一样的特殊队伍。刘永福率领黑旗军管辖六安州有两年之久，使六安州平平安安，老百姓非常感激黑旗军和刘永福。

1869年的一天，许元彬来访。许元彬是先于刘永福来到越南的一支农民起义军的领袖，后来他积极支持和帮助刘永福消灭了盘文义。酒酣之际，许元彬说道："六安州虽是个好地方，可比不上战略要地保胜。"

"请兄弟详细谈谈保胜的情况"，刘永福急忙说道。

"保胜历来是兵家必争之地，它与广西、云南相毗

当年作战使用的火炮

刘永福像

连，战则可进，退则可守，而且地面宽阔，大有回旋余地"，许元彬不慌不忙地说着，刘永福不住地点头。

"同时，保胜要道多，可设关立卡，收税聚钱，以供军饷"，许元彬接着说完。

刘永福觉得许元彬的话很有道理。但许元彬又告诉他，保胜已为一个叫何均昌的占领，何均昌原是个普通越民，依仗了洋教，又会几句外国话，便在保胜占地为王。刘永福听后，拍案而起，愤愤地说道："越南老百姓，受洋鬼子之害已经不浅了，怎么还能让这些认贼作父的奸刁之民横行霸道？我定要除此奸佞之贼！"

刘永福说到做到。经过一番筹划，刘永福留下部分黑旗军将士驻守六安州，自己则率领大部黑旗军，浩浩荡荡，开往保胜。

当时占据保胜地区的是一个叫何均昌的大恶霸，他听说刘永福率黑旗军要来保胜，急忙招兵买马，光在云南就花重金招兵三千人，连同原来军队一齐兵力达上万人。

何均昌自恃兵力众多，主动向黑旗军出击，企图阻止黑旗军进入保胜，但刚一交手，就被黑旗军打得大败。

何均昌主动出击失败后，改变战术，坚守营垒，整训兵马。刘永福也率黑旗军安营扎寨，进行休整，避免黑旗军将士在长途跋涉、疲累已极的情况下，与敌人打持久战。

不久，何均昌沉不住气了，自以为有取胜把握，便率军出来挑战。刘永福见敌人前来挑战，黑旗军也已经休养得差不多了，便亲自骑着战马，手提大刀，率黑旗军与何均昌决战。

刘永福一马当先，冲入敌阵，"砍瓜切菜"一般杀了起来。黑旗军将士也人人奋勇争先，把何均昌的部队打

得落花流水，攻破了何均昌的所有营垒。何均昌只好率领残兵败将，退出保胜，再也不敢到保胜来了。刘永福顺利地占领了保胜。

来到保胜之后，刘永福把自己的全部精力花在根据地的建设上，因刘永福经过十多年的磨炼，终于领悟出一条真理：要成大业，非有自己的立足地不可，否则形同流寇。于是，他决定长期驻兵保胜，锐意经营保胜。

刘永福经过多次考察并与大家商议之后，决定以红河为界，东边称保胜省，西边叫谷寮省，省下设州，州下设里，村设甲长，甲长负责收田粮，办案件，征夫役。担任这些地方政府的官员，大多是越南人。刘永福这样做，黑旗军许多将士非常不理解。刘永福耐心地对大家

19世纪70年代的越南

19世纪70年代的越南

说："咱们对此地民情风俗不甚了解，难以治理地方行政事务，不如用越人治越地；同时，如果用咱们的人担任地方官，还会削弱黑旗军的战斗力。"大家纷纷点头称是。"当然，我们并不能对地方行政治理放任自流，还要对地方官进行监督"，刘永福进一步补充道。

为了保证保胜地方的安全，刘永福特地规定：凡进入保胜地区的外来人，一律凭他及黑旗军将领签发的身份纸（即身份证）。所以，黑旗军驻扎保胜多年，没有发生过外来奸细混入保胜地区的重大事件。

如何解决兵饷呢？刘永福看到保胜地跨红河两岸，越南南来北往的货物都要经过红河，两岸人民的贸易非常繁荣，于是他决定设关立卡，抽捐收税。但这些钱还不足以维持黑旗军的军费开支。为此，刘永福找来一些黑旗军将士，共同商议。有人提出应当鼓励当地人民积极开荒种地，还有人建议黑旗军将士在进行军事训练的同时，屯垦戍边。刘永福认为这两条建议都合理、切实可行，所以都接受并采纳了。

保胜地区是丘陵地带，山多田少，居住在这里的老百姓大部分做小买卖，务农的很少。刘永福积极鼓励他们开垦种地，发展农业生产，还将自己青少年时代的种地经验毫无保留地传授给他们。对黑旗军开垦荒地，刘永福划范围、定任务，要求他们自食其力。黑旗军广大将士大多是贫苦农民，熟悉农活，不仅在保胜附近垦荒，还在其他驻扎的地方开垦生产。黑旗军士兵既勤劳，又聪敏，他们和保胜人民和睦相处，共同开发保胜，使保胜附近大片荒地变成良田。这样，不仅解决了保胜居民的衣食问题，而且还为黑旗军提供了充足的军粮、军衣。

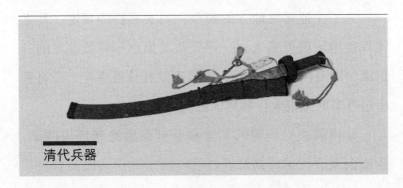

清代兵器

一天，附近几个农民来到刘永福军营里。刘永福见他们一个个神情忧郁，忙笑着对他们说："乡亲们，我知道你们来此一定是有什么为难事，你们尽管直说，我一定尽力想办法帮助解决，千万别客气。"

"将军，你们来此不久，对这里还不大熟悉，这里群山连绵，山中猿猴很多，经常成群结队下山活动，特别在秋收之际，活动更为猖獗，糟蹋农作物。为此，我们伤透了脑筋，可是还是没有办法。"其中一个年纪最长的人毕恭毕敬地说。

"所以你们就来这儿，让我帮助想一个驱猴的办法，是不是？"刘永福接话道。

见大家一一点头称是，刘永福慢慢地说："乡亲们，你们种地非常不容易，我会尽快想办法解决这个问题。"

送走了这几个农民之后，刘永福立即传令下去，让大家想驱猴办法。没过几天，一个黑旗军士兵想出了一个办法，来向刘永福汇报。刘永福听后，脱口而出，连

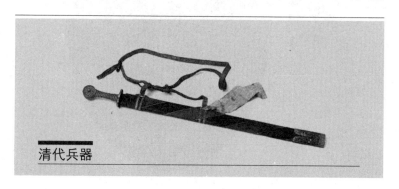

清代兵器

说："妙！妙！太妙了！"随后，派人把此方法告诉给广大农民，果然收到了预期效果。从此，这里的"猴害"便一去不复返了。

原来，这种驱猴办法说来也很简单。那就是，在农作物收获季节里，在庄稼地里安上警铃，群猴一来，警铃叮叮当当响个不停，群猴听到响声，纷纷逃散。黑旗军士兵驱猴的佳话一时在越南百姓中广为流传。

刘永福深知，自己要在保胜扎根，首先要取信于民。而要做到这一点，必须整顿黑旗军的军纪和作风。于是，他与黑旗军将领一起商议，作出以下几条规定：

一、不得与百姓强买强卖；

刘永福像

黑旗军使用过的火炮

二、不得私拿百姓财物；

三、不得调戏妇女；

四、不得吸食鸦片。

刘永福让人将这4条规定刻在一块木板上，钉在军营大门旁边的墙上。对上述规定，违者轻则处以军罚，重则要砍头示众。

刘永福还大力整编黑旗军。一方面，他让黑旗军将士都把家属接到保胜来，同时也为未婚将士操办婚配成家之事，使黑旗军将士能够安心于根据地的建设。另一方面，他又鼓励黑旗军将士的家属开荒种地，种粮种菜，

自食其力。同时，刘永福加强了对黑旗军将士的训练，一方面督促将士们习练武艺；另一方面让将士们熟悉作战阵法。全军编制也井然有序，指挥起来如身使臂，如臂使指。

刘永福精心建设保胜革命根据地，为他今后与越南人民并肩战斗，取得抗法斗争的伟大胜利，奠定了基础。

黑旗军战士

位于钦州市的刘永福塑像

抗法首捷

　　就在黑旗军经营保胜根据地时期，法国加紧了对越南的侵略。法国侵略越南的最终目的，是企图在把越南变成他们的殖民地后，以越南为跳板，向中国毗邻越南的广西、云南等省进攻，为侵略中国打开通道。因此，协助越南人民抗击法国侵略，就成为中国人民反对法国侵略中国的斗争的一部分。

　　那是在19世纪下半期，中国不断遭受着西方帝国主义的侵略，当时远东是资本主义列强激烈争夺的重点地区之一。在这里争夺角逐的，除原来的英、法、美、俄等国外，后起的资本主义强国德国和日本也加入进来。朝鲜、越南、缅甸等中国邻邦，先后沦为殖民地，中国边疆地区的危机日益严重。而当时的清政府又腐败无能，因此不断打败仗。

　　在当时侵略中国的国家中，法国也是一个。越南较早前已经遭到法国的侵略。法国侵略越南和中国不是偶然的，这是法国资本主义发展的必然产物。法国侵略越南的历史由来已久，向上可追溯到17世纪。法王路易十六曾经根据法国阿德兰区主教百多禄的奏议，制定了变越南为法国殖民地的"法兰西东方帝国"计划，并采取了侵占越南的实际步骤。18世纪下半叶，法国一些传教士和商人来到越南，成为侵略的先锋。有些传教士假借传教为名干预越南内政，制造混乱，搬弄是非。19世纪后半叶，法国加紧侵略越南。1858年以后，法国殖民军勾结西班牙组成法西联军，先后侵占越南首都顺化及嘉定、定样、边和、永隆等省。1862年6月，法国强迫越南王朝签订第一次《西贡条约》（即《柴棍条约》），要求赔款400万法郎，割让嘉定、定样、边和和昆仑岛，允许法国和西

19世纪末的法国漫画：《屠杀 CHINA 龙》，显示了侵略者的无耻嘴脸和险恶用心。

侵略越南的法军

班牙的教士自由传教，开土伦等港为商埠，法国军舰和
商船可在湄公河自由航行。从此，越南南方沦为法国的
殖民地。

从19世纪70年代起，法国侵略者以南方为基地，又
开始向越南北部进犯。1871年，有个法国军火商堵布益
从北圻的红河贩运军火到云南境内。他发现红河是从越
南进入中国西南的捷径，便建议法国政府夺取北圻各省，
打通进入中国西南地区的红河航道。这正合法国扩张侵
略势力的心愿。1872年10月，堵布益率领一支侵略军强
行占领河北，挑起了一场对越南北部的侵略战争。不久，
法国又把一名海军大尉安邺调来，增派侵略军北援堵布
益。1873年11月间，安邺已侵占了河内、海阳、宁定南

定等省，扩大了地盘。安邺随后又组织起一支15000人的伪军，继续向北圻进军，妄图建立包括全越和中国西南各省在内的"法兰西东方大帝国"。

由于存在这样的目的，光绪七、八年间（1881—1882），法国军队大肆向越南北部推进。清廷的一些大臣也看出了法国此举的用心，主张对法国一战。其中：恭亲王奕䜣、翁同龢，两江左宗棠、两广张树声、时任山西（后升两广）总督的张之洞、驻法公使曾纪泽等提出"固守边界"的主张。认为对法国侵略越南"断无坐视之理"。

曾纪泽像

就在前方战事摩擦不断的时候，法国方面，一边积极准备扩大战事，一面要求清政府谈判。因当权派倾向让步妥协，故即刻委派李鸿章为代表，先是光绪八年和法国公使在天津谈判。中方承诺撤退中越边境的清朝驻军，听任法军占领越南北部。法国茹费理政府并不满足清政府的让步，下令法军继续进攻越南北部，同时更换原驻日公使脱利古任驻华公使，光绪九年五月，在上海再次谈判。然而清政府对这一出尔反尔的举动没任何准备。

在法国侵略者大军压境、兵临城下的万分紧急时刻，越南政府立即派北圻督统黄佐炎前来保胜，恳切地邀请刘永福率领黑旗军前往河内抗法。刘永福早就耳闻目睹

当年的法国总理、扩张头子茹费理

法国侵略者及其庇护下的越南人为非作歹、鱼肉百姓的劣迹，近日来，又听到法国侵略者进攻北圻的消息，怒不可遏。所以黄佐炎一到，他立即热情地接待。当黄佐炎告诉他法国侵略军进攻北圻的有关布置安排，

中法战争期间法国小报上的李鸿章形象

他问道："你们可曾向大清天朝求援吗？"

"我们屡次求助，均遭拒绝。"黄佐炎苦笑道。

刘永福听到此话，仰天长叹，随即便陷入沉默之中。

"刘将军，我这次来保胜，是奉吾王谕旨而来。"黄佐炎言辞恳切地请求说。

"越王有何打算？"刘永福反问道。

"邀请将军，同抗法国侵略军。"黄佐炎回答。

"中越乃属近邻，古人云，唇亡则齿寒，助越南，捍边疆，我刘永福就是赴汤蹈火，也在所不惜！"刘永福字字似千钧，句句如金石。

"若是如此，我越南社稷可保，百姓能安，国运幸

矣。"黄佐炎深为感动地说道。

送走黄佐炎之后，刘永福立即整顿兵马，准备进军河内。就在这时，吴凤典带领了一支中国农民起义军来投奔他。吴凤典是位英勇善战的猛将，刘永福大喜过望，亲自率众相迎。

接着，刘永福对黑旗军进行战前整编，委令吴凤典为先锋，自己则带领亲兵为先头部队。从保胜到河内，行程数百里，中间隔着越南境内最大的黄连山山脉，其中的宣光大岭，海拔3 100多米。刘永福率领黑旗军将士沿着荆棘丛生、坎坷崎岖的羊肠小道，昼夜赶路，越山西，过丹凤，入怀德，翻过人迹罕至的宣光大岭，仅用了数十天时间，就出其不意地到达了河内城外。刘永福命令部队在城西十里外的河内近郊安营扎寨。

邀请黑旗军援越抗法的越王阮福时

夜晚，圆圆的月亮悬挂在天空。刘永福走出营房，来到军营内一处高地，遥望远处灯火点点的河内城，不禁沉思起来。这是自己与法军第一次对阵，是非常关键的一仗，只许胜，

侵略越南的法军，正在泥泞中设法拖曳黑旗军丢弃的火炮，以加强临时工事。

不许败，一定要狠狠打击侵略军的嚣张气焰；否则，在以后反法斗争中，自己将处于被动地位，甚至难以再立足于越地，同时也辜负了越王对自己的信任。就在这时，忽然有人报告，说黄佐炎到。

"刘将军果然言而有信，特别是来得如此迅速，让人难以想象。"一见面，黄佐炎就表示赞许。

"我们还是商量一下收复河内的作战计划吧。"刘永福一边说着，一边拉着黄佐炎走进营房。

"刘将军远道而来，还是先休息一下为好，至于作战计划，改日再谈吧。"黄佐炎没等坐好就说了起来。

法国报纸上刊载的铜版画，画上是身着海军礼服的安邺。

"你们的军队与法军相持很久，损失非常大，再也不能浪费一分一秒的时间了"，刘永福没让黄佐炎再往下说。"我已经决定了，这一仗我率黑旗军为前阵，你部做后援，并负责军粮饷械的供给。"

黄佐炎带着对刘永福的感激、信任和敬重，离开了黑旗军的军营。中越两国人民团结战斗，保家卫国的反侵略战斗序幕揭开了！

1873年12月21日，安邺亲自率兵出城挑战。骄横跋扈的安邺虽也听说过刘永福和黑旗军的名字，但这个双手沾满中越人民鲜血的刽子手，从来也不相信刘永福及黑旗军像传说中的那样英勇无敌，在他看来，刘永福只不过是个流窜到越南境内的"东亚病夫"当中的一员，而自己兵多势众，粮械丰足、精良。所以，他根本没把刘永福和黑旗军放在眼里，在两军阵前，他骑着高头大马耀武扬威，不可一世。

　　刘永福见状，不由得怒发冲冠，虎目圆睁，传令黑旗军将士出阵迎战，自己也扬鞭策马，直冲敌阵。黑旗军将士见主帅身先士卒，一马当先，个个精神抖擞，人人奋勇向前。战场上，顿时旌旗招展，尘土飞扬，枪声、炮声、肉搏声汇成一片。

　　安邺自从入侵越南一个多月以来，从未受到挫折，而且在以前的侵华战争中，他也见到过清军是何等的落后、腐败，是何等的不堪一击，因此认为黑旗军也不会比清军好多少。正在他得意忘形之际，法军已经抵挡不住，开始节节后退。这时候，安邺吓蒙了，叹道：黑旗军果然英勇，真是名不虚传。不甘失败的安邺打死了几

黑旗军与法军作战

名逃得最快的法军士兵，企图阻止他们后退，以挽救法军的失败，可这时的法军已溃不成军，无心再战。

安邺尝到了刘永福和黑旗军的厉害，被迫传令撤军，法军惊魂未定，如丧家之犬，夺路奔逃。看到如此情景，刘永福立即传令黑旗军将士停止放枪，改用大刀长矛，与法军展开肉搏战。只见刀光剑影，人喊马嘶，响声震天，黑旗军将士越战越勇，猛杀猛砍，法军死的死，伤的伤，哭爹喊娘，抱头鼠窜，乱作一团。侥幸逃出阵地的侵略军争先恐后地拼命向城中逃命，真恨不得再长两条腿。安邺更是吓得魂不附体，一面强装镇静，指挥残余部队撤回城中，一面提心吊胆，带着几名亲兵随后压阵。就在法军乱哄哄地挤在城门口的时候，刘永福指挥乘胜追击，再歼敌近百人。

黑旗军与法军作战

眼看败局已定，安邺再也无心指挥部队，决定三十六计，走为上，主意已定，可转念一想，如果就这样逃跑，必然会被黑旗军认出来，于是

侵略越南的法军

他立即丢掉头盔，脱掉帅服，企图混在法军士兵中，逃之夭夭。可这一切被离他不远的吴凤典看在眼里，刚才还见安邺趾高气扬，气势汹汹，如今却成了惊弓之鸟，吴凤典气不打一处来，心想明年的今天就是你的祭日，于是催马扬鞭追了上去，在安邺刚刚逃到离城门口不远的地方，吴凤典飞骑追至，大喝一声："哪里逃！"随着话音刚落，大刀猛地一挥，只见一股鲜血喷溅而出，安邺的人头滚落马下，这个双手沾满中越两国人民鲜血的侵略者，终于得到了应有的下场。

这一仗，黑旗军大获全胜，歼灭法军和伪军数百人，缴获了大量军械，并迫使法军退出河内。刘永福在首次抗击法国侵略者的战斗中，取得了辉煌的胜利，延缓了法国北侵北圻的计划，打乱了法国入侵中国的时间表。

中国人民称赞刘永福和黑旗军此举"为数千年中华吐气",越南人民盛赞刘永福和黑旗军为"北圻长城"。

随着法国侵略的加紧,抗法斗争日益成为中越人民的首要任务,因此,刘永福黑旗军的地位也日益重要。中、越王朝为了利用黑旗军抗法,分别授予刘永福官职。1867年,越南政府感谢黑旗军的支援,授刘永福八品百户,后又授兴化、保胜防御使及三宣(即兴化、山西和宣化)副提督职,管辖山西、兴化、宣光三省,从此,刘永福辖红河两岸三省地方,控制了沿红河进入中国的通道。1870年,清广西提督冯子材曾授刘永福蓝翎功牌

法国铜版画,表现的是罗池之战中,安邺被黑旗军包围即将割去头颅的瞬间。

刘永福像

数枚、木质关防一颗。1875年12月，清政府又授予刘永福四品顶戴。

面对中越两国人民的称赞与爱戴，面对中越两国政府的奖赏与信任，刘永福在感到欣慰的同时，感到自己肩上的担子更重了，黑旗军在未来的岁月中责任更大了；他深知自己和黑旗军将面临更为严峻的挑战，还有千辛万苦要克服，还有千难万险要跨越；他决心带领黑旗军誓死保卫北圻，与法国侵略者决战到底。

擒獲倭督樺山斬首金圖

督樺山氏被
刘大将军擒
獲倭奴見主
将彼擒獲
随即請

再國大
員恳刘
師懲情
愿出五百
萬金贖面
刘師未兄定
可贖面耳
始要和約見還
因倭奴不兄
投將樺山氏
随將倭之丁罵
再審訊明正
典刑皇斬首示眾
大快人心
寓臺觀
戰人来稿
愛蓮生
繪

描绘黑旗军大胜法军的清末年画

倭督樺山氏

倭兵頭

坐番兵頭

纸桥扬威名

　　法国侵略者决不会甘心自己的失败，经过约十年之久的筹谋策划，1881年7月，在茹费理政府的操纵下，迫使议会通过了240万法郎的侵越军费，并于1882年3月，派军攻陷西贡、河内。随后，命令交趾支那海军舰队司令、海军上校李威利，率领由400人组成的"海上陆战队"，大举进攻越南北部地区，妄图打通红河，紧逼中国。

　　狂妄自大、不可一世的李威利扬言，要为安邺报仇，悬赏一万元捉拿刘永福，悬赏十万元攻取黑旗军根据地保胜。由于越南政府的无能，法国侵略军长驱直入，在占领河内之后，又侵占了富庶的南定省。越南北部再次告急，阮氏政府被侵略者的嚣张气焰吓昏了头脑，越王阮福时听说李威利来势凶猛，攻城略地，势不可挡，而越军节节败退、急于奔命的消息时，担心危及自己的王位，正在他忧心忡忡、冥思苦想，而又束手无策之际，忽然眼前一亮，他想到了刘永福，想到了黑旗军。于是，越王立即命令黄佐炎，再次邀请刘永福出兵相助。

驻扎在保胜的黑旗军将士对法国侵略者的狂妄计划和李威利的海口狂言，早已愤愤不平，跃跃欲试，接到黄佐炎带来的越王邀请书后，立即派人火速向正在国内钦州故乡拜山扫墓的刘永福报告。同时，越南谅州巡抚梁竹辅也派人飞带文书去见刘永福。

刘永福听到报告，感到事情重大、紧急，谢绝了父老乡亲的再三挽留，快马加鞭，飞速赶回保胜。一到保胜，他不顾旅途劳累，急忙传令下去，将原来散驻在北

李威利像

在越南作战期间为了弥补陆战作战兵力的不足，法军大量雇佣和使用了越南人部队。

圻各地的黑旗军将士调回保胜。在短短的几天内，各路人马齐集，刘永福立即率部自保胜由水路经三圻，直抵山西，驻扎在山西前敌，与黄佐炎部相呼应。

黄佐炎听说刘永福率黑旗军赶到，既感到高兴，又感到紧张。因为，李威利率领的法军之所以攻陷红河下游一带，直趋北圻，完全是他奉行投降路线的结果。他深怕刘永福问罪于他，所以，两人一见面，没等刘永福开口，他就急忙恭敬地说："刘将军可真是越南人民的大救星，此次抗法的重任又要落到将军和黑旗军将士的肩上了。"

以大局为重的刘永福，强压住胸中的怒火，郑重地说："战局既已如此，你我只有同心协力，才能赶走来势汹汹的法国侵略军。"黄佐炎唯唯称是，两人随即商量反攻计划。

李威利正在准备进攻山西之际，突然有人报告，说刘永福已率黑旗军抵达，不由得暗自吃惊，倒吸了一口凉气。心想，刘永福能在这样短的时间里，调集好各地部队，绝非等闲之辈。他本来听说刘永福回家祭墓拜山，黑旗军又散落各处，一时难以调集，所以，想趁此大好时机攻取山西。因为，他知道，在他们对越南进行殖民侵略战争过程中，将遭到真正坚决抵抗的，不是越王朝

法军进攻山西城

军队，也不是所谓的援越清军，而是越南人民和刘永福领导的黑旗军。如今黑旗军已到，他有了一种不祥的感觉，心情顿时沉重起来。

第二天清晨，李威利听到离营房不远处呐喊声、马嘶声连成一片，匆匆忙忙赶到阵地前沿一看，只见黑旗军手执大刀、长矛和土枪，正以排山倒海之势向自己兵营驻地冲杀过来。李威利知道，这是刘永福率领黑旗军向他发起了进攻，于是立即传令部队迎战。两军交锋，在侵越战争中从未败过阵的李威利的"海上陆战队"，十分骄横跋扈，根本不把黑旗军放在眼里，但是一经交手，便觉得黑旗军秩序井然，枪法准确，刀剑技术娴熟，不

作战中的黑旗军

由得纷纷向后退缩。刘永福见法军后退，立即拍马冲到阵前，高声喊道："兄弟们，冲啊！"挥刀向敌人猛扑。法军顿时溃不成军。李威利见势不妙，传令退兵，刘永福乘胜追赶，黄佐炎也率部来助战。经过几天反复交锋，李威利被

茹费理像

迫退出山西，最后只好龟缩到河内城里。

随即，连续3天，刘永福率领黑旗军各营进攻河内城，但由于没有攻城利器西洋大炮，所以都没有什么成果。

就在双方相持不下的时候，第二次组阁的茹费理再次向议会提出，要求增加侵越拨款550万法郎，派遣铁甲舰一艘，炮艇两艘，鱼雷舰六艘，运输舰三艘，装运军队1 800人前往越南。不久，法国议会通过了这一提案。所以西贡总督沁冲指示李威利固守待援，不要轻易出兵。而吃了败仗的李威利在这时变得谨慎了，认为自己只宜坚守，不宜出击，因而决心固守待援。

法国侵略者组建的雇佣军

　　面对法国侵略者的严重挑衅，刘永福毫无惧色，他决心团结越南军民，与侵略军血战到底，为越南人民雪耻，为祖国捍卫边疆门户。

　　5月10日上午，河内城近郊的一个空旷的广场上，旌旗招展，鼓乐齐鸣，人头攒动。虽然，天空中阴云密布，细雨连绵，但聚集在广场上的黑旗军将士和越南军民却个个精神抖擞。刘永福站在广场中央临时堆起的土墩上，慷慨激昂地发表演说。他一针见血地指出了法国侵略者挑起战争的阴谋："用兵于越南，无异于用兵于中国。"在历数了法国侵略者入侵越南以来的一系列滔天罪行之后，他坚定地说："如今法国人受到重创，是老天爷对他们的惩罚，若其悔过退师，此事就此罢了，不然，永福与他们势不两立。"最后，刘永福满怀激情地表示："永福作为中国广西人，当为中国捍卫边疆；身为越南三宣副提督，当为越南削平敌寇。"刘永福的话情真意切、掷地有声，使聚集在广场上的黑旗军和越南军民振奋不已，他们齐呼：

"捍边疆，保家卫国，我们万死不辞！"

"除法逆，并肩杀敌，我们义无反顾！"

这声音，如响雷滚过长空，似闪电划破阴云，在蜿蜒起伏的群山之中久久回荡着。刘永福的这次演说，后来由人写成讨伐法国侵略者的战斗檄文——《黑旗军檄告四海文》。

三宣堂内展览的《檄告四海文》

　　刘永福知道黑旗军擅长野战，而短于攻坚，因此早就和众将士商议："应当养精蓄锐，积极备战，不能随意攻坚，应当多方挑战，诱敌出城。"必须将法军诱出来野外，才能加以歼灭。为了激怒法军，诱其出击，刘永福派人趁天黑把挑战书贴在河内城的东南门上。

　　第二天一早，法兵发现，立即报告李威利，他急忙来到东南门，只见挑战书上写道："雄威大将军兼署三宣提督刘，为悬示决战事。……尔法匪既称本领，率乌合之众，与我虎旅之师在怀德府属旷野之地以作战场，两军相对，以决雌雄。倘尔畏惧不来，即宜自暂尔等统辖

法军在越南河流上架设军桥

作战中的黑旗军

之首递来献纳，……倘若迟疑不决，一旦兵临城下，寸草不留。"看罢，李威利气得暴跳如雷，大喊大叫，但最终还是强压住怒火，命士兵严加防守。

刘永福见李威利没上当，又生一计，出兵夜袭河内城边的天主教堂。李威利占据河内后，又在教堂旁边修筑一座碉堡，驻兵一排看守。早在黑旗军攻打河内时，都预先被这两座建筑物的看守者发现，报告河内法军预做防备。因此，黑旗军要攻取河内，首先就要拔掉这两颗钉子。刘永福的这一行动，可谓一箭双雕。在一个伸手不见五指的夜晚，刘永福派前营督带黄守忠挑选劲勇

三宣堂内描绘刘永福商议作战的图画

200名，左营管带吴凤典率勇100名，右营管带杨著恩率勇100名，趁夜前往攻袭。此战斩获教头3名，打死教徒数10名，最后放火焚烧教堂。

刘永福的诱敌之计果然奏效。李威利很恼火黑旗军夜袭教堂，因为这使法兵丧失了体面，他再也压不住心中的怒气，决定孤注一掷，逃出重围，而不再等候援军的到来，立即对黑旗军采取行动。

5月19日，东方刚刚破晓，黄佐炎派了一名将官，扬鞭策马，十万火急赶到在怀德府的黑旗军驻地拜见刘永福，通知他黄佐炎得到河内城中越官密报，说法军准备在黎明时分倾巢出战。

　　刘永福闻讯，命令先锋杨著恩集合队伍，随着军营
中嘹亮的军号响起，黑旗军将士们纷纷起床，打点行装，
整理武器。队伍集合完毕，刘永福令杨著恩率领先锋营
赶到位于河内城西二里处的纸桥下驻扎，派黄守忠领兵

配合杨著恩，扼守从纸桥到黑旗军指挥部之间的大道，又命吴凤典率兵埋伏在路左为奇兵，自己则率亲兵往来指挥，各处接应。

早在战斗的前一天，刘永福就详细察看过纸桥附近的地形，权衡敌我双方的实力。认为法军兵多械精，自己人少械陋，若要强攻，取胜的可能性极小，于是决定智取。他苦思冥想，忽然，眼前一亮，计上心来，再次吩咐杨著恩如此这般，依计而行。

杨著恩到了纸桥后，见桥边有座关帝庙，于是将指挥所设在庙里，传令先锋营的士兵用带来的猪血和苏木水涂抹自己身体，士兵们不知情由，弄得丈二和尚摸不着头脑，议论纷纷，但还是依令照办。纸桥在河内东北，是个繁华的小镇，房屋鳞次栉比，宜于隐蔽。杨著恩将先锋营士兵分为三队，一队守庙中，一队守庙后，自己带领一队士兵在大道上诱敌。

一会儿，法军大队人马已冲到纸桥东面，他们自恃

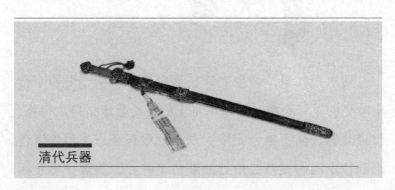

清代兵器

人多势众，集中炮火轰击关帝庙。据守在庙前、庙后的黑旗军先锋营不但没有还击，还主动撤出阵地。法军用望远镜细细观察，见庙门敞开，庙中没有任何动静，认定确实没有敌情，才壮着胆子前进，由副司令韦医率领过桥。杨著恩见敌中计，立刻传令士兵开炮，一枚枚炮弹呼啸而出，在敌军中落地开花，韦医和几个骑兵应声落马，法军这时才知道黑旗军早有防备，大惊失色，纷纷夺路奔逃，队伍立即混乱起来。

看到法军的狼狈样，李威利气急败坏。为了鼓舞士气，他下令法军士兵在阵前喝酒壮胆，乘酒兴再向黑旗军发起进攻。又传令10人为一队，施放连环枪，枪声齐响，声如天崩，再次向桥冲过来。杨著恩见李威利亲自督阵，气势汹汹，佯装败退，命浑身涂满猪血和苏木水的黑旗军士兵横七竖八地倒卧在地。李威利不知有诈，还以为黑旗军抵挡不住而后退，脸上不由得露出几分得意之容，传令法军飞速追赶。

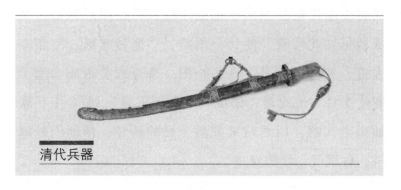

清代兵器

清末年画 黑旗军大胜法军

"轰、轰、轰",突然间,黑旗军军营中发出三声炮响,惊天动地,震耳欲聋。原来倒卧在地上像"尸体"的黑旗军士兵,顿时生龙活虎地跳跃翻起,手挥大刀、长矛,向前猛冲,似削瓜切菜一样,杀得法军丢盔卸甲,人仰马翻。但时间一长,由于法军人数众多,装备优良,火力猛烈,多持土枪土炮、大刀长矛,仅有少量洋枪的黑旗军抵敌不住,只得向后退却。李威利见如此情景,便兵分两路,一路抄庙后,一路夺大道,夹击杨著恩一队,企图一举夺取关帝庙。为了驱使士兵为他卖命,李威利"老调重弹",命令士兵席地拼命饮酒,用酒精来刺激士兵的神经,使他们醉醺醺,昏沉沉,壮胆冒进。

　　面对黑压压包抄上来的法军，杨著恩虽然寡不敌众，仍然镇定自若地指挥部队顽强抵抗。激战中，他的两腿中弹洞穿，但仍坐在地上继续指挥作战，开枪射击敌兵。后来他的右腕又中弹骨折，不能开枪，但他咬紧牙关，改用左手开手枪杀敌，先后击倒了十多个法兵，在打到第十三响时，不幸胸部中弹，壮烈牺牲。

　　杨著恩的牺牲是黑旗军的重大损失，十几年来，他跟随刘永福忠心耿耿，南征北战，东挡西杀，立下了汗马功劳，深受刘永福的器重和黑旗军将士的爱戴。他的牺牲，使刘永福和黑旗军将士们悲愤交加，决心为战友报仇，痛杀侵略军，用法军的头颅来祭奠死去战友的亡灵。

当年战场上的指挥处

河内郊外的纸桥，安邺、李威利都在这里败北亡命。

李威利击退了杨著恩的先锋营、攻下了关帝庙后，以为黑旗军也和被他打败的许多越南军队一样，在第一次抵抗被击破后，就会溃不成军，法军只要大胆向前推进，就可以大获全胜，于是，他得意扬扬地指挥部队，大摇大摆地向前推进。等到法军走到距离黑旗军设伏地点不到100米的时候，黄守忠率部英勇出击，双方展开了激战。正打得难解难分之际，隐蔽在大道左边村镇里的吴凤典伏兵，猛然开炮，黑旗军将士如冲出栅栏的野马一般，蜂拥而出，奋勇当先，越过干涸的水稻田，向法军阵中拦腰冲去，法军猝不及防，被这突如其来的黑旗军吓得蒙头转向，马上呈现一片混乱，一个个像没头苍蝇一样，东奔西闯。刘永福抓住这一有利时机，传令黑旗军将士拼命向前冲锋，与敌军展开肉搏战。只见刀光闪闪，杀声阵阵，黑旗军将士在刘永福的指挥下，同仇敌忾，越战越勇，像下山猛虎一般势不可挡。法军被打得丢枪弃械，溃不成军，死的死，亡的亡，逃跑的逃跑，投降的投降。

不甘就此失败的李威利，立即跑到法军的前列，企图平息自己士兵的慌乱情绪，但是，一颗子弹击中了他的肩头，他怪叫一声，扔掉手中的枪，摇摇晃晃站立不

法国铜版画　表现的是1885年李威利遗体运回法国时的情景。

稳。这时，李威利身边的法军上尉连长雅关企图以自己的身子庇护他，也被击毙了。身受重伤的李威利见败局已无法挽回，就想上马逃跑，可由于流血过多，他浑身没有一点儿力气，他此时是多么希望有人帮他一把，他眼睁睁地看着自己的部下一个个从自己的身边跑过，可没有一个人向他伸出援助之手，他不由得哇哇暴叫，破口大骂，可声音越来越小，终于被黑旗军生擒活捉。

黑旗军将李威利捉回怀德后，立刻斩首示众，这个横行一时的侵略者得到了应有的下场。法军曾遣越官前去游说黄佐炎，愿以三万两黄金赎回李威利的首级，遭到刘永福的严词拒绝。刘永福将李威利的首级到处示众后，装进一个漆盒里，埋在大路中央，使凡过路的人都得在上面践踏，以示轻蔑与侮辱，以解中越两国人民对这个血债累累、恶贯满盈的侵略者的心头之恨。后来，黑旗军撤离怀德，法军才去找回这个首级。

刘永福率领黑旗军将士在越南军民的有力支持和配合下，仅用了3个小时，就大获全胜。这一震惊中外的纸桥战役，共击毙法军军官30多人，士兵200多人。纸桥大捷，不仅再次沉重地打击了法国侵略者的猖狂气焰，鼓舞了中越两国人民的斗志，也为中越两国政府中那些主战派提供了法国侵略者是可以打败的有力证据。

纸桥大捷，以少胜多，以弱胜强，刘永福战功赫赫，威名大震，越南阮氏王朝任命他为三宣正提督，并加封义良男爵。刘永福集合黑旗军将士再次誓师，表示抗击侵略者是责无旁贷、义不容辞的责任，决心与侵略者血战到底。

三宣堂内的冯子材像

围攻宣光

侵略越南是法国蓄谋已久的政策，绝不会因一两次失败而作罢，反而一再把战火烧到中国境内。清政府应越南政府请求而出兵援越，实行对越南这个藩属国的"保护"。法军首先向驻扎在越南的清朝军队进攻，使法国侵略越南的战争演变为中法之间的战争。

1883年12月，法国侵略军由海军司令孤拔率领，分成两队，一队3 300余人，一队2 600余人，携带200多门大炮，500多辆载满弹药的车辆，乘坐12艘兵船，40多艘民船，从河内出发，直扑山西。

同时，法国海军大批舰队骚扰我东南沿海。于1884年8月23日偷袭马尾船厂，第二天炸毁了马尾船厂，使我福建水师11艘军舰、19艘商船，均化为灰烬。在这种情况下，清政府于8月26日对法宣战，不久，刘永福接受了清政府的"记名提督"头衔，成为清朝官员。这样，刘永福又成为清政府的一名将军，黑旗军也成为清朝军队的一部分。于是，刘永福更加积极练兵布防，时刻准备着抗击来犯的法国侵略者，以解救越南人民，使其免遭亡国之苦；保卫祖国边疆门户，拒敌于国门之外。

1884年10月，慈禧命令援越清军主帅岑毓英指挥在越的滇、桂两军及刘永福的黑旗军，抓住有利时机向法军进行反攻。这时，在越南北圻抗法战场上，清军分东西两个作战区域，各自为战。这时清政府命令驻扎越南

　　1884年中法马江海战中，796名清朝官兵阵亡，福建水师全军覆没。牺牲的福建水师官兵被安葬于马限山麓。

当年的宣光城

的清军和刘永福的黑旗军，配合西线的滇军向法军发起进攻。于是在 12 月上旬，刘永福率领黑旗军，昼夜兼程，前往进攻驻扎在宣光城的法军。

　　黑旗军在离宣光城 10 里的琅甫总扎营之后，刘永福立即派人化装前去侦察宣光城情况。不久，侦察的人回来报告说，宣光城建在一座陡峭的山丘上，山脚下是近百米宽的明江。宣光城堡是一个每面 300 米长的正四方形，城堡前方，在一条已干涸的小河的对岸，有一座宝塔，法军将它作为前沿阵地，安设了一个哨所，用一条炮火不能及的深战壕沟通城堡与哨所的联系。在明江上停泊着舰艇，有战壕沟通江岸和城堡的联系。守城法军大约有两三千人。

　　刘永福听罢，倒吸一口气，心想这可真是一个易守难攻的阵地，如果法军只是坚守，而不出击，那在短期中很难破城。随后，刘永福前来拜见岑毓英，向他提出围点打援的主张，即是看准敌军驻守薄弱的地方，发起进攻，然后再各个击破，歼灭增援敌军。可岑毓英却拒绝了刘永福的建议，甚至还以刘永福不服从指挥为由，克扣黑旗军的军饷。为了顾全战争大局，刘永福不愿与他做无谓纠缠，竟自率领黑旗军来到宣光城，将部队分为东、南、西、北四路，把整个宣光城围得里三层、外三层，风雨不透，水泄不通。

岑毓英像

　　驻守在宣光城中的法军。没有料到黑旗军这样神不
知鬼不觉地突然前来攻打，惊慌失措之下，几次突围都
被黑旗军打得大败，只好死守城中，索性坚守不出，等
待援军到来。可是两个月过去了，城中的粮饷眼看就要
断绝了，饥饿笼罩着每一个法军士兵的心。惊恐之余，
不甘坐以待毙的法军，几次想突围都被黑旗军一一击退。
在死亡即将来临之际，有些法兵想了个办法，将求救信
装入竹筒和玻璃瓶内，筒口和瓶口密封处插一面小旗，
小旗上写道；"有谁拾得此信，交给法国全权大臣者，赏
银百元。"然后，将这些竹筒和玻璃瓶抛入水中，企图顺
流而下，让其他驻地法军士兵发现。然而，在一个偶然
的机会，黑旗军将士拣获了这种竹筒和玻璃瓶。

刘
永
福
像

　　刘永福拾获宣光守
敌向外送的求救信后，
断定离宣光不远的河内
法军，不久定会来增
援，于是决定在宣光城
外打一场阻击战，以实
现自己原定的围点打援
计划。他四处察看地
势，见城外沿河水的一
面，是一个大茅坡，方

在越南雨季艰难行进的法国军队

圆数十里，荒草丛生，为入宣光必经之路，一个破敌之计很快在他头脑中形成。他命令部分黑旗军在坡地周围埋伏，坡地下面则埋下两万斤用木箱装好的炸药，在其上面造许多假坟以迷惑敌人。同时，还把竹子破开削尖，做成竹火箭安放一边。

1885年3月2日，不出所料，河内的大批法军果然来增援宣光。只见法军排山倒海而来，声势猛烈，刘永福立即令先锋营出阵迎敌。两军大战一阵，黑旗军佯装抵挡不住，向后败退。增援的法军见黑旗军人数少，兵器差，所以没有产生怀疑，还以为得胜，便无所顾忌，数千人马一拥而进，向坡地冲来。见法军大多数进入伏击圈，站立于埋药之间，刘永福立刻传令埋伏在坡地四周的战士引爆炸药，点燃竹火箭。一瞬间，火药飞爆，轰天大响，势如崩天陷地，炸毙法兵两三千人；竹火箭齐射，又击毙法兵数百人。残余的数百法兵，一个个焦头烂额，呼天喊地，没有一个不挂彩的，如丧家之犬一般逃向河内，逃得慢的，均被黑旗军人马追上杀死。这一仗，黑旗军大获全胜，打死打伤法兵四五千人，并缴获大量法军军械。

河内法国侵略军头目，探得先锋第一队大队人马，已被黑旗军歼灭，吓得魂不附体。然怒气至极，像输了

战斗中的法军

老本的赌徒一样，决定再派第二队人马六千，火速前往攻击，不惜一切援救宣光城内的被围法军。这时候，黑旗军的弹药已经严重不足，军粮、医药又十分奇缺，刘永福要求岑毓英拨给，遭到拒绝。当法国援军再度赶到宣光城时，刘永福只好怀着愤慨、惋惜之情，率领黑旗军被迫撤离宣光城。

收复临洮

　　就在刘永福黑旗军取得大胜的同时，广西镇南关一线的清军却打了大败仗。驻守越南谅山地区的是清军潘鼎新部。法军连同越南伪军共1万多人，向谅山进攻。敌人还没来到，潘鼎新就率部向镇南关逃窜，所有军饷、军械统统丢光。2月23日，镇南关失陷，法军长驱直入，战争打到广西境内去了，法军狂妄地宣称"广西门户，已不复存在了。"就在这时，老将冯子材率兵赶到镇南关。同时，清政府也命令刘永福率黑旗军开往越南临洮地区，在东线牵制法军，相继收复临洮。

　　1885年3月，按照岑毓英的布置，刘永福率领黑旗军开往临洮驻扎。当黑旗军在距离临洮十里之外的地方驻扎时，忽然为法军发现，法军自恃刚刚取得的一点战功，便得意忘形，命令洮城内数千法军立即进攻黑旗军，企图趁黑旗军立足未稳之际，将其一举歼灭。

　　黑旗军驻扎刚刚完毕，忽然有一个士兵来到帅帐，向刘永福报告，说有一个自称武抗法的越南人前来求见。"武抗法，武抗法，好名字，这名字起得好"，刘永福自言自语道。随即对这个士兵说："快快有请。"

　　不一会儿，刘永福见一个身着粗布的年轻人，迈着强有力的大步走进帅帐。二人坐好之后，没等刘永福开口说话，武抗法抢先说道："我叫武抗法，是临洮义勇团的首领，久闻将军英名，今日得见，用你们中国话来说，可谓三生有幸！"

　　"徒有虚名，愧不敢当，武老弟亲自光临，不知有何赐教？"刘永福反问道。

　　"想我越南大好河山遭到法寇践踏，广大黎民百姓身受法寇蹂躏，多蒙将军伸张正义，率领黑旗军援越抗法，痛击法寇，此乃我国人民之幸；

法国登陆队士兵。法国投入越南的主要作战兵力是从各军舰抽调水兵组成的登陆队。

我今日前来，是要和将军一道抗击法寇。"武抗法站起身来，激动地说。

"太好了，武老弟的到来，可谓雪中送炭，有你们的帮助，我们一定会把法寇赶出临洮城。"刘永福高兴地说。

"将军，您吩咐吧，我这一千来号兄弟一定听从您调遣。"武抗法听罢，高兴地表态。

刘永福点了点头，沉思了一会儿，慢慢说道："我们的对手，非常顽固，而且兵多械精，所以我们只可智取，不可强攻。"随后，二人共同分析了形势，制定了智取的军事计划。在武抗法临走之前，尽管自己的军饷、器械捉襟见肘，刘永福仍然决定拨出部分去援助义勇团，这

清末年画 刘永福大破法军

令武抗法非常感激，正是这共同的抗法大业，使武抗法与刘永福"情同手足"，使义勇团与黑旗军心连着心。

这是一个没有月光的夜晚，黑暗笼罩着法军军营。四处没有丝毫声息，死一般的沉寂。战斗了一天的法兵，疲惫不堪，在匆匆吃过晚饭后，一个个便东倒西歪、横七竖八地躺着，有的甚至抱着枪支呼呼入睡，法军营地里鼾声一片。就在他们做着庆祝未来胜利美梦的时候，忽然间，军营四周，人声嘈杂，喊杀声震天。法兵从睡梦中惊醒，只见军营不远处的大路上，火把成龙，快速游动，亮如白昼，黑旗军军旗随处可见。星罗棋布的村舍里，传来阵阵汉语的呐喊声："杀呀！杀呀！"看到这番情景，法军登时乱作一团，个个胆战心惊，无心抵抗，纷纷跑出营房，夺路奔逃。慌忙之中，有的法兵丢掉了鞋子，有的法兵没了枪支。然而，兵营四周已被黑旗军团团围住，大路两旁又有黑旗军扼守。法兵知道，此时再不突围，只有死路一条，而要逃命，只有兵营后面有座小桥，过桥有条小路，法兵便争先恐后拼命朝此方向奔逃。他们忘记了法兰西帝国的尊严，忘记了自己平常在越南人民面前的作威作福、横行霸道，忘记了一切的一切，在他们的脑海中只有一个念头：逃命。

黑旗军士兵从哪里来这么多？原来，经过连日来的苦战，黑旗军伤亡很大，能够参加作战的人数大减。为了造成敌军错觉，刘永福与武抗法商议后，决定将临洮义勇团扮成黑旗军将士，并教他们在拼杀中的简单汉语，使法军看到黑旗军人多势众，不敢交战，造成心理上的恐怖，然后再分而歼之。这一招果然奏效，惊恐中的法军根本没有识破这一点，他们把义勇团当作了黑旗军，当作了势不可挡、百战百

败逃的法军

胜的"刘家军"。

　　事实正是如此，逃出营房的法兵，过了小桥，沿着小路，落荒而逃。跑着，跑着，天渐渐地亮起来，身后的追杀声也变得越来越小了，法兵开始庆幸自己即将逃脱黑旗军的追杀，总算保住了一条小命。忽然间，一条溪流拦住了法兵的去路，溪面宽阔弯曲，对面沿岸丛林杂错，溪上唯一的一座木桥已被人拆毁。这下，法兵可傻了眼，一个个不知所措，急得如热锅上的蚂蚁一般，团团乱转。渐渐地，后面的追杀声又大了起来，不甘坐以待毙的法兵只好不顾溪水深浅，扑通、扑通地往溪流里跳，争渡逃命，而把军装、枪械都丢在溪边。才渡到一半，对岸森林中又冲出了一支黑旗军队伍，横截法兵去路。原来，武抗法把临洮附近的地形情况详细地告诉了刘永福，刘永福断定，逃亡的法兵必经过此处，所以事前派一支部队在此处埋伏好，并叮嘱他们先毁掉溪上木桥。法兵做梦也没想到的，刘永福想到了，这时候，刘永福率领的大队黑旗军，以及武抗法的临洮义勇团从后面赶到。两队人马前后夹击，法兵死的死，伤的伤，降的降。由于陈尸过多，溪水也为之而不流。这一仗，黑旗军大获全胜，并缴获了大量枪械。

　　黑旗军的胜利不是偶然的，除了刘永福指挥得当、全军英勇善战外，中越人民在这场战争中的同情与支持

当年的炮台

也是战斗胜利的重要元素。从 1883 年 7 月越法第一次
《顺化条约》签订之后，越南人民纷纷奋起反抗。南定、
山西、兴化、北宁、海阳各省起义人民有数百人到数千
人不等，他们不时袭扰敌人，搅得敌人很不安生。法国
殖民者残酷剥削压迫越南人民，如抽取人头税、大肆焚
烧、抢夺，引起越南人民强烈不满。他们时刻在等待机
会驱逐侵略者。同时，中国在马尾海战遭到惨败后，全
国人民对侵略者的残暴和清政府的腐败无能愤怒到了极
点，因此，中越两国人民支持对法作战。在中法战争进
入紧张阶段的时候，人民群众纷纷前来助战。越南北宁
总督黄廷经，就曾集结各路义民两万多人，建成"忠义
五大团"，用冯子材军的旗号，自愿支军助剿，或分道
进攻法军。越南北部人民起义领袖李扬才的弟弟表示，

等到冯子材的军队一攻占郎甲，他就率众内应。河内、汤扬、太原等地也都密约受信，纷纷响应，甚至西贡也约定内应。在黑旗军一路胜利的影响下，越南各地人民起义迅速发展起来，为反抗法国侵略者的殖民统治而斗争。

在东线大捷的这一天，西线也传来了喜讯，清朝援越将领冯子材率领的萃军收复镇南关，歼敌千余人，并挥师向文渊、谅山挺进。中路的唐景崧也攻克了太原。捷报频频传来，刘永福闻讯大喜，立即马不停蹄，率领黑旗军趁临洮大捷，接连收复了数十个县城。整个越南抗法战场上，呈现出一派动人情景，此正是：

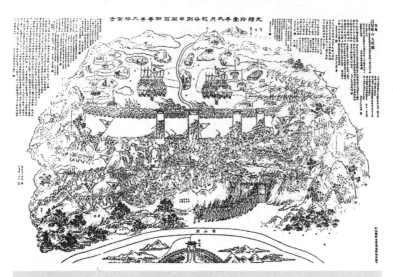

中国军队镇南关关前隘大捷

连宵苦战不闻金，枕藉尸填巨港平。

群酋存者戴头走，前军笳吹报收城。

南人鼓舞咸嗟叹，数十年来无此战。

献果焚香夹道迎，痛饮黄龙何足算。

镇南关大捷、临洮大捷和镇海海战的胜利，扭转了中法战争的形势，法国茹费理内阁也因战败而垮台。法国海军在进攻我浙江镇海海口时，也遭到重创，海军司令孤拔受重伤，逃至澎湖岛上，后因伤势严重而死。

率军攻打驻扎越南山西的清军和黑旗军的法国海军上将孤拔

在整个越南抗法战场上，出现了清军不断胜利的令人欣喜的局面。各路清军准备乘胜进击，把法军全部赶出越南。可就在这时，腐败的清政府实行所谓

"乘胜即收"的方针，下令各路清军原地驻扎，不得再行攻击。同时，清政府委派李鸿章于6月9日同法国签订了《中法会订越南条约》，即《中法新约》。根据条约，越南完全沦为法国的保护国，而中国驻越南的一切军队，都要限期撤回。

《中法新约》条约共十款，要点如下：

一、边界毗连连各地，中法两国自行弭乱，安抚匪党流民，设法解散。法兵永不过北圻，中国亦不派兵赴北圻。

二、中国承认法国与越南所订的一切新约。

三、6个月后戡定北圻界务。

四、法人欲过界入中国，应由法请华官给护，华人由中国入北圻准此。

五、保胜以上谅山以北应指定通商二处，法商均可居住。中国可设关收税，中法均得设领事官。

六、法国所运货物进出云南、广西边

镇南关今已改名友谊关

界，应纳各税，照现在通商税则减轻。

七、中国将来建筑铁路时，可雇佣法国工程师，应与法国商办。

八、约定后法兵即撤退基隆和澎湖的驻军。

这个条约的签订，使得越南与中国的藩属关系完全断绝，正式成为法国的保护国。中国开放广西、云南门户，使法国侵略者多年的通商愿望得以实现。1886年4月25日《中法越南边界通商章程》在天津签字，1887年6月26日，《中法界务专条》和《中法续议商务专条》在

　　大捷之后签订条约，1885年4月，清政府代表李鸿章与法国代表在天津签订《会订越南条约》，又称《中法新约》。

北京签字。

通过这一系列的不平等条约，中国西南边疆的门户被打开了，法国侵略者得到了他们想要得到的一切利益和特权。而中国所得到的，只不过是"必不致有碍中国威望体面"的虚文。这个条约的签订，标志着中法战争以"法国不胜而胜，中国不败而败"的局面告终。中国在军事胜利的情况下仍作出如此巨大妥协让步，甚至连法国当局都认为"简直不能想象"。

就这样，中国虽然打了胜仗，却由于清政府的腐败，签订了一个战败的条约，使法国得到了连他们自己都认为"意想不到的收获"。战争的结局是"中国不败而败，法国不胜而胜"。

由于刘永福是清政府的"花翎记名提督"，黑旗军也是清军的一部分，依照条约，也要限期撤回国内。

余少小即钦慕我国民族英雄黑旗刘永福

孙中山

孙中山对刘永福的评价

越南人民听说黑旗军要回国，无不大吃一惊，竭力挽留，但事已至此，刘永福和黑旗军也毫无办法。1885年8月中旬，刘永福率数千名黑旗军将士及其烈士遗孤，告别了"闻讯无不涕下"的越南人民，被迫返回国内。

越南人民闻讯后，从四面八方赶来，为刘永福及黑旗军送行，人们频频向刘永福及黑旗军将士拱手致意，

民族英雄刘永福
(1837—1917)

刘永福像

有的点燃鞭炮，有的敲起锣鼓，更有许多老人和妇女流着热泪，恳请刘永福及黑旗军将士一道留下。越南人民的深情厚谊，犹如一股股暖流，涌入了刘永福的心田，他骑在马上，眼中饱含着泪花，激动得说不出话来。他心中默念：今天我虽然回归祖国，但是，越南人民一旦抗击外来侵略需要，我刘永福总有一天要再返沙场！

刘永福虽然回归祖国，但是，越南人民对刘永福及黑旗军将士，在自己的国土上甘洒热血、英勇捐躯，赴汤蹈火、万死不辞的兄弟情谊，深深怀念。为了让子子孙孙铭记这段辉煌的历史，他们自发组织起来，为刘永福及黑旗军建庙立祠，以表达越南人民对刘永福及黑旗军将士深切的怀念和敬仰之情，以记载中越两国人民并肩战斗，共同抗击法国侵略者的光辉业绩。

岑帅监督夜复北宁得胜图 在中法战争中，云贵总督岑毓英率军于越南与法军激战，收复北宁。

暮年雄心

中法战争结束后，刘永福率军三千人入关回国，清政府对这支由农民起义军成长起来的劲旅心有余悸，百般刁难，想方设法予以遣散。最后，清政府命令刘永福镇守广东西南的一个小岛——南澳岛，只允许他带一千名黑旗军前往。刘永福无奈，只得把数千黑旗军遣散，自己率领一千名黑旗军，来到荒芜的南澳岛驻扎下来。此后，黑旗军又被多次裁撤，最终只剩三百余人。

清光绪十七年（1891），刘永福于故乡筹建了晚年住宅——三宣堂。三宣堂占地面积22 700多平方米，建筑面积5 600多平方米，大小楼房119间。除主座外，有头门、二门、仓库、书房、伙房、用人房、马房等一批附属建筑以及戏台、花园、菜圃、鱼塘、晒场等设施。头门临江向东，有醒目的"三宣堂"大字匾额。

三宣堂内有一座著名的"拒贿亭"。据说中法战争结束后，刘永福从越南带回一件珍奇的战利品——被黑旗军击毙的法军首领李威利的头发。法国人知道后，专门派人携重金到三宣堂企图高价买走这撮头发。刘永福不为重金所动，就在这个亭子里对来者严词训斥，那人只好灰溜溜地走了。

拒贿庭

三宣堂内还有一排10间占地1 500平方米的谷仓，据介绍常用于赈济灾民，当地人称其为"济民仓"。"远亲不如近邻，近邻不如刘大人"和"年冬失收无须慌，肚饿去找三宣堂"的民谣一直流传至今。

三宣堂的粮仓里至今存有一个竹制、圆鼓型的大谷篓，谷篓中间粗，两头略细。高2.6米，最大直径2.5米，可容纳谷物6 000斤，可称为世界最大的谷篓。由此也可见，刘永福当时储粮的数量之大。

三宣堂的防卫设施最具特色，整座建筑像一座巨大的碉堡，有炮楼，有围墙。头门至二门30多米的通道，二门与主座之间的开阔地带，均受到炮楼和楼房的火力控制。这座城堡式的府第，据说是为了防备法国侵略者派来奸细的侵袭和当时官场的敌对势力加害而精心设计的，是钦州市现存最宏伟、最完整的清代建筑群。

1894年7月，甲午战争爆发。因台湾地理位置重要，清政府命能征善战的刘永福赴台，协助台湾巡抚邵友濂办理防务。到1894年，刘永福已经年近六旬，10年来未曾领兵作战，自己所统率的黑旗军，经过多次遣散，也只剩下三百多人，军饷、军械更是少得可怜。但是，国难当头，匹夫有责，他毫不犹豫地接受了赴台防守的命令。赴台之前，刘永福率领仅剩的黑旗军三百名，先到达汕头。在汕头，他大力募兵，招足六营共一千数百人，然后领饷4个月，领毛瑟枪500支，马梯呢枪300杆。最后于9月6日，从汕头出发，开抵台湾。

清末年画　黑旗军计沉倭船

　　8月，刘永福率两营黑旗军赴台北，后又奉命移驻台南，所部增值八营，仍称黑旗军。次年反割台斗争起，刘永福被推为军民抗日首领，黑旗军在台湾与当地军民作战热血沙场，写下了可歌可泣的史诗。

　　在整整五个月的艰辛斗争中，他身先士卒，领导台湾爱国军民前赴后继，浴血奋战，给日本侵略者以极其沉重的打击，共杀死杀伤日寇官兵3万多人，并击毙了侵台主力军近卫师团长北白川能久中将、旅团长山根信成少将。日本侵略者在侵台中所付出的惨重代价，超过其在整个甲午战争海陆主战场上所付代价的一倍以上。

清刊本《台战实纪》插图

　　《台战实纪》一书记述了刘永福带领所部黑旗军及台湾地区各族军民在台抗击日本侵略之史实，对于战事描写甚为翔实，文体具有新闻纪实性，不啻为一部轰轰烈烈同仇敌忾的台湾抗日史，具有极高的史料价值。

如《刘大将军战书》记："我刘某在台不要钱、不要命、不要官，但愿将士绅民同心勠力，宁可与倭人战而死，不可被倭人残害而死。"书中对战事记述颇详，又记："本月二十日起至二十三日止，台南刘渊亭（永福）大帅与倭兵接仗四次。刘军败有一，决亦只小挫。倭兵连败三次，其中二十三日一次最为失利。伤有倭舰四艘，陆兵数千。""十九、二十两日有倭舰数只攻打台南。""同日有倭兵数百督带土民二千余人由新竹县晋战。"《台站实纪》中记道："倭人于六月二十三日进攻大崁斜，台兵御之。""六月二十八日有倭陆军一大队，记弁兵共五

清刊本《台战实纪》插图

刘永福镇守台南大捷

刘永福鎮守臺南會同生番大大

黑旗兵伙

刘大將军

刘大將军

千人乘轮将抵台。""上月六、七、八等日，台军及本地各乡民团与倭人奋力交战。"《台站实纪续集》在其序言中记道："是书印成又得捷音，亟录之以冠首。"可见此书出版之时台战正酣。

刘永福领导的抗日保台斗争，也成为中华民族反抗帝国主义侵略的悲壮篇章，充分显示了中华民族不畏强暴，勇于斗争，誓死捍卫民族尊严和领土完整的气概和勇气。

历史从不以胜败论英雄。在台湾危难的严重关头，刘永福从维护祖国统一的民族大义立场出发，顶住了清政府的压力，置个人安危于度外，毅然肩负起领导台湾爱国军民开展抗日保台斗争的历史重任，成为台湾军民进行抗战的希望所在和重要支柱。

刘永福抗日谕文

刘永福内渡后，在厦门、广州等地受到当地群众的英雄般的热烈欢迎。

刘永福 1897 年回到广州后，重建了一支两千多人的新黑旗军，仍驻军于小北门外黑旗军旧营盘。然而，清政府对刘永福始终存在戒心，刘永福抗敌无期，却默默充当起百姓的保护者来。

刘氏家庙位于广州，刘永福于清光绪二十六年(1900 年)主持建造，庙右原有忠义祠，祭祀黑旗军阵亡将士。

1897年，在广州府辖南海县（今南海区）罗格围，关、罗两姓为争地皮建将军庙，发生械斗。关姓乡绅捏造罪名，诬告罗姓"聚众谋反"。两广总督谭钟麟闻报，不问青红皂白，派兵前往镇压，遭到罗姓乡民的激烈反抗，局面难以收拾。谭钟麟慌忙调遣刘永福率黑旗军千余人及官兵数千人，前往"剿洗净尽，绝其根株，免遭后患"。刘永福率部到达罗格围后，并没有大开杀戒，而是召集关罗两姓中有影响的人物，调查事件的来龙去脉。谭钟麟以军令相逼，

手下的清军将领也催他举兵剿杀"悍匪"，刘永福勃然大怒，喝问："并无有匪，何必击乎？"他查明真相后，找来关罗两姓头面人物进行调解，严词责令双方从此不得积仇，促使双方立约，永不再斗。回到广州后，刘永福屡被谭钟麟指责违抗军令，他忍无可忍，与谭钟麟展开激烈争辩。他历数清兵此前给无辜村民造成的灾难，并对谭钟麟说："刘某敢担保罗格围人等，并无聚众为乱，妨碍治安。如有者，请将刘某军法从事，以谢粤省人士是耳。"掷地有声，令人动容。

广州市沙河镇永福村的村名也是为纪念刘永福而设，至于为何取名永福村，有两种传说：

一是，当年刘永福看见沙河涌东涌和西涌在此会合，有"二龙抢珠"之势，加上前有龙岗、后有瘦狗岭，风

1895年台湾独虎邮票叁拾钱、伍拾钱、壹佰钱。世界上第一套义军发行的邮票是刘永福黑旗军1895年在台湾发行的"独虎图"。

1895年台湾第二次独虎图邮票红色伍拾钱十五枚方连

水好，就想在此建祠堂。附近有条小村叫石人窿，村民因争水，打伤了外村人，外村前来寻仇。

石人窿的人慌了，知道对方与刘永福相熟，就求刘永福调停。刘永福出马。外村人说："如果他们（石人窿村民）是你刘大人管辖的村民，那么，赔些汤药，我们就不再追究。"刘永福就说："这一带都是我管辖的村民。"于是，一场械斗被制止了。当地村民感谢刘永福，就把石人窿改名永福村。

传说二是，当时石人窿一带很荒凉，其他大村的无赖，常借口挖竹笋到村中捉鸡捉鸭，村民苦不堪言。有一天，一个村民正在耕田，被杨箕村一些不法之徒抢了牛。他找刘永福哭诉，刘永福就派人送了一个名帖给杨

广州能仁寺山门外的「虎」字石刻景。

箕村的父老，限三日内原物送回。

　　杨箕父老连忙调查，发现确系村中几个赌棍所为，赶忙赔礼道歉。事后，刘永福说："按习俗，没有祠堂始终是外地人，受人欺负，不如我们凑份子建一间祠堂，凡是姓刘的都可以凑份子。"

　　当时沙河还有一些惠阳来的刘姓人家，一听十分高兴。于是，刘永福出大份，其余出小份，建起了"刘氏家庙"。附近还有几条小村，也是被人欺负怕了，知道刘永福能保护老百姓，也纷纷把村名改为永福村。

　　1902年，刘永福任广东碣石镇总兵。今天在广州白云山能仁寺，我们还见到刘永福手书的、比人还高的、造型奇特的"虎"字。他还注解道："昂头天外，寓目寰中"，点明了"黑虎将军"的英雄志向。

鸦片战争后，帝国主义侵略者在广州街头横行霸道。刘永福派出部下，装扮成老百姓的模样，守候在侵略者常常出没的地方，一发现他们作恶，就蜂拥而上，把他们狠揍一顿。

晚年的刘永福积极探索救国救民之道，并受孙中山"三民主义"的影响，加入了同盟会。那是在1911年4月，孙中山领导的革命党人，发动了黄花岗起义。对清朝统治已失望的刘永福，从起义烈士淡红的血色中，看到了反帝爱国理想的微茫希望。这一年9月，刘永福加入同盟会，投身到民主革命运动中。

辛亥革命后，由于他的巨大威望，刘永福应广东都督胡汉民的邀请，出任广东省民团总长。他又邀请黄飞鸿当广东民团总教授，当时黄飞鸿已年届55岁。

刘义亭建于1938年5月，位于今华南理工大学内，是为纪念刘永福1887年统兵驻防广州而建。

黄飞鸿像

而他们的友谊，早在1888年就开始了。

当时，从越南返国的刘永福患有脚疾，久治未愈。在广州已小有名气的黄飞鸿，在仁安街开设了跌打医馆"宝芝林"，治愈了他的顽疾，刘永福十分感激，送了一块木匾给他，并聘请他担任黑旗军的军医官和技击总教练，黄飞鸿欣然接受。1894年，刘永福率领黑旗军赴台湾，黄飞鸿跟随他抵台抗日。护台失利后，刘永福返钦州隐居养病。黄飞鸿与知己挚友分开后，闷闷不乐，自此只行医，不授武。他在"宝芝林"门前张榜说："武艺功夫，难以传授；千金不传，求师莫问。"至于他1912年为何欣然再度出山，担任民团总教练，史料语焉不详，但与两人之间长期结下来的情谊不无关系。

后来刘永福辞去了民团总长回籍，还在"三宣堂"设立了书堂，让小孩读书识字，并经常给孩子们讲抗法抗倭的故事，培养孩子们的爱国之心。

刘永福有四男三女，儿子分别是成章、成业、成良、成文，长女名字不详，二女、三女分别叫英娇、秀蓉，其中，英娇嫁给另一抗法名将冯子材的儿子冯相锟，三女秀蓉随父赴台抗日，不幸牺牲，年仅15岁。

这些儿女中，刘成良最为特殊：他是永福收养的义子。刘成良本姓邓，家境贫寒，其父在中越边境的一个小镇开打铁铺。1866年，刘永福率部队经过这个小镇，要打刀，看见只有8岁的刘成良，长得虎头虎脑，憨厚可爱，于是问他愿不愿意跟随自己，刘成良虽然年幼，但竟一口答应了。刘永福在征得他父亲的同意后，带着小成良伴随左右。

三宣堂内景

刘成良自幼便很懂事，得到刘夫人黄美兰的悉心教导，文武双全，胆识过人，与刘永福性格最相似。后来他跟随刘永福南征北战，成为刘永福的得力助手，20岁不到，就做了刘永福亲兵营的营长。甲午战争期间，刘成良随刘永福到台湾抗日保台，与父亲在枪林弹雨中并肩作战，并保护刘永福安全撤离台湾。

刘永福给儿女们立下的家规很严格，例如有一条：除非不能生育，否则不准纳妾。刘永福本身就是一个好榜样：他一生只娶黄美兰一人，情深意笃，相伴终老。1910年，黄美兰因病在钦州与世长辞，73岁的刘永福悲

三宣堂内记叙刘永福生平的碑文

痛万分，正襟席地，守夜戴孝，并坚持扶灵到墓地，陪伴妻子走完最后一段路。

刘永福还很"大方"，曾自掏腰包，送部下留洋，希望他们能学习西方的先进技术，以弥补黑旗军之短，但刘家家风却很节俭。刘家的管家"二老爷"，终身追随刘永福，在刘永福的长期影响下，他有一个持家招式：无论来访者是亲朋好友，还是达官贵人，家宴招待菜式不超过"豆豉焖猪肉"的标准。

1915年，日本向袁世凯提出灭亡中国的二十一条，78岁的老英雄"一时愤慨填胸，白发怒举，面赤亮如重枣，目棱棱欲射人"，即召集家人于三宣堂前厅声讨，"抗电北廷，请缨与战"，愿以"老朽之躯"充当先锋，与宿敌决一死战，"死而无憾"。但在袁世凯的卖国政策下，刘永福的抗敌愿望只能化为泡影。

1917年1月，经历了国家与民族忧患的刘永福在极度悲愤中溘然长逝，享年80岁。当时出任总统的黎元洪了发来了唁电，电称："钦州渊亭，国之宿将，遽闻溘逝，骇悼殊深。"并要国务院拨给银圆2000元为他治丧，还派专人查明刘永福"生平事迹，付国史馆立传"。

刘永福临终时仍不忘告诫子孙："临阵不畏死，居官不要钱……不惜以铁血铸山河，强大种族！"他留下了这样感人至深的一番遗言：

予起迹田间，出治军旅，一生唯以忠君爱国为本。无论事越事清，皆本此赤心，以图报称。故临阵不畏死，居官不要钱，虽幸战绩颇著，上邀国恩，中越均授以提督之职，居武臣极地，亦可谓荣矣。然予心惕惕，终不以官爵为荣，只知捍卫社稷，不使外洋欺我中国为责任。

此身虽老，热血常存。现今国事日危，外强虎视，若中政府不早定大计，任选贤将，练兵筹饷，振起纲维，各省督军不知和衷共济，竭力为国，以救危亡，因循坐误，内乱交作，蛮夷野性，必乘机入寇，割据瓜分，亡国奴隶，知所不免。

吾今已矣，行将就木，恨不能起而再统师干，削平丑类，以强祖国。儿曹均已成立，各宜发奋为雄，抱定强种主义，投军报效，以竟予未了之志。倘为国用，自宜竭力驰驱，不惜以铁血铸山河，强大种族，以期臻于五大洲最强美之国。若不能见用于时，亦宜将于之遗嘱，遍告当轴名公，求其人告大总统，务以尊贤任能为急务。远小人，贱货色，严边防，慎取舍，旁求山林逸才，延揽智谋健将；惜民力以裕财源，养民气以威夷狄；集群策群力，以鞭笞天下，则天下之尚力者，自然入我范围而不敢抗。如是，则国基巩固，国势富强，吾虽死，九泉之下，亦将额首而颂太和。

同时代诸多名人都给予了刘永福极高的评价，如越南北圻督统黄佐炎赞叹刘永福"英勇无比，堪称北圻之长城"；作为敌人的法国孤拔上将，也公开表示："刘永福的英勇气概实在是太神奇了！"李鸿章称赞其"真乃高人一等，诸统领莫及焉"；彭玉麟说刘永福"为越南之保障，固中华之藩篱，其功亦伟矣"；张之洞对其评价是"为数千年中华吐气"。

这些赞誉刘永福受之无愧，他一生为国而战，直至两鬓斑白仍不失爱国热忱。他的民族气节和民族精神将如浩气长存，永载史册！

中华爱国人物故事
ZHONGHUA AIGUO RENWU GUSHI